LETTRE

A SA MAJESTÉ

CHARLES X,

ROI DE FRANCE,

CONTRE LE COURONNEMENT DE BUONAPARTE.

A PARIS,

CHEZ
PONTHIEU, LIBRAIRE, Palais-Royal, galerie de bois, n°. 252.
LECAUDEY, LIBRAIRE, Palais-Royal, galerie de bois, n°. 209, et galerie vitrée, n°. 215.
LECOINTE et DUREY, LIBRAIRES, quai des Augustins, n°. 49.

M. DCCCXXVII.

DE L'IMPRIMERIE DE DIDOT LE JEUNE,
rue des Maçons-Sorbonne, n°. 13.

LETTRE

A SA MAJESTÉ

CHARLES X,

ROI DE FRANCE.

SIRE,

JE crois nécessaire de mettre sous les yeux de VOTRE MAJESTÉ quelques passages d'un Ouvrage périodique intitulé : *Le Mémorial Catholique*. Le n°. d'Août de la présente année 1827 (*pp.* 118 *et sui-*

vantes) contient un Article *sur l'Éloge funèbre de PIE VII, par le P. D. Joachim Ventura, Théatin* (1). L'auteur anonyme de cet Article cite souvent l'*Éloge funèbre ;* et il y a joint ses propres réflexions; et j'ai la douleur de dire à VOTRE MAJESTÉ que le Père Ventura, ainsi que son Commentateur, ont avancé des maximes qui compromettent la dignité de votre Couronne : en voici la preuve.

« Le Couronnement de Buonaparte, dit l'auteur « anonyme, ce second acte de PIE VII, que l'irré- « flexion a pu lui reprocher, n'en fut pas moins un « exercice admirable de la Puissance pontificale et « une haute et éclatante protestation contre toutes « les usurpations de l'impiété (*page* 123)........ « N'est-ce pas qu'il y avoit encore ici quelque chose « de surhumain, et qu'il falloit que l'Église et la « Religion reçussent toutes les espèces de répara- « tions après avoir reçu toutes les espèces d'outra- « ges?....... Le Père Ventura arrive à établir que « le Couronnement de Buonaparte fut la restaura- « tion même des Souverainetés légitimes. Voici quel- « ques-unes de ses pensées : (*page* 124).......... « *Buonaparte devoit être couronné. PIE VII, éclairé « d'une lumière supérieure, vit bien que ce couronne- « ment, éloigné en un sens des maximes d'une justice*

(1) Le Recueil des Éloges funèbres du Père Ventura vient d'être publié à Rome : *Elogi funebri del P. Ventura, Teatino. in Roma*, 1827.

« *ordinaire, étoit réclamé par le Ciel en vertu des principes d'une justice plus grande et plus universelle, et qu'il tourneroit au profit des mêmes Personnages dont il sembloit d'abord détruire les droits..... PIE VII ne consacra pas l'usurpation ; il rétablit la Souveraineté. Il n'institua pas une Monarchie nouvelle ; il renouvela l'ancienne pour servir d'appui et de fondement à toutes les autres ; il ne couronna pas le fils de la Révolution, mais l'instrument et le Vicaire de la légitimité* (page 125). »

« Le Père Ventura, ajoute son Commentateur, est un des écrivains de ce temps qui ont le mieux saisi le caractère de la politique chrétienne..... Il étoit digne du Père Ventura de démontrer que PIE VII devoit être l'objet de l'admiration des peuples et de leur reconnoissance (*pp.* 126 *et* 127). »

SIRE, je reprends les différentes parties de cette singulière apologie de PIE VII : mon zèle pour la Religion et ma fidélité envers mon légitime Souverain ne me permettent pas de la laisser sans réponse.

« Le Couronnement de Buonaparte....... fut une haute et éclatante protestation contre toutes les usurpations de l'impiété..... il falloit que l'Église et la Religion reçussent toutes les espèces de réparations après avoir reçu toutes les espèces d'outrages. »

Si l'admirateur de PIE VII avoit réfléchi un instant sur ce qui a précédé le Couronnement de Buonaparte, sur les circonstances qui l'ont accompagné ;

et sur les effets qu'il a produits, il se seroit épargné le désagrément de voir aujourd'hui ses paradoxes dénoncés publiquement à VOTRE MAJESTÉ.

Je fixe d'abord mes regards sur celui qui a exigé impérieusement de PIE VII cet acte de condescendance, et je me demande à moi-même : Qu'étoit-ce que Buonaparte?

Je prie VOTRE MAJESTÉ de me permettre de lui rappeler ici ce qui, dans le temps, a été connu de tout le monde; mais ce que le Père Ventura et son apologiste font semblant de ne pas savoir, ou ce qu'ils ont trop facilement oublié.

En 1796, « les Comédiens de Milan, par ordre de « Buonaparte, avoient placé PIE VI dans une pan« tomime, où le Saint-Père fut exposé aux regards « du public avec tous ses ornements Pontificaux, se « livrant aux gestes les plus indécents et les plus ri« dicules. Mais (il faut le dire à l'honneur des habi« tants de Milan) un très-petit nombre d'entr'eux « vint à un tel spectacle, et la plus grande partie des « loges resta vide » (1).

En 1797, Buonaparte pille le riche trésor de Notre-Dame de Lorette, il porte le fer et le feu en Italie, il ravage ce malheureux pays, y propage les principes de la révolution, proclame la souveraineté du

(1) Histoire de Napoléon Buonaparte, par une Société de gens de lettres, *tom. I, part. I, chap.* 2, *pag.* 41. *Paris, Michaud*, 1817. *in*-8°.

peuple à Mantoue, à Milan, à Venise, à Gènes, etc., et fonde dans ces contrées plusieurs Républiques éphémères, la République *Cispadane*, la République *Cisalpine*, la République *Ligurienne*.

En 1798, il s'empare par trahison de l'île de Malthe : il écrit le 12 Juin à M. Labini, Évêque de Malthe, que la Religion Catholique sera respectée, et ses Ministres spécialement protégés ; et quatre jours après, le 16 du même mois, il ordonne qu'un grand nombre de Prêtres, de Religieux et de Religieuses sortent de l'île, au plus tard dans dix jours après la publication du présent ordre. Préludant à ce qu'il devoit faire en France quatre ans plus tard, il donne pour le Clergé qui étoit resté à Malthe, des *Articles organiques* où il usurpe l'autorité de l'Église. On trouve sur tout cela de grands détails dans l'Ouvrage qui a pour titre : *Pièces diverses et Correspondance relatives aux opérations de l'armée d'Orient en Égypte. Paris, Baudouin, an IX*, in-8°. (1).

En 1798 et 1799, il se vante, dans des Proclamations, d'avoir détruit le Pape et les Chevaliers de Malthe, d'avoir fait abattre les Croix; il célèbre la Fête de Mahomet; il promet d'accorder sa protection aux Mosquées et au pélérinage de la Mecke; il déclare que les principes de l'Alcoran sont les seuls

---

(1) Ce *Recueil de Pièces* est officiel ; il fut imprimé en exécution d'un Arrêté du Tribunat, en date du 7 Nivôse, an IX ; (28 *Décembre* 1800).

vrais, et qu'ils peuvent faire seuls le bonheur des hommes ; il blasphême contre le Mystère de la TRÈS-SAINTE TRINITÉ, etc., etc. (1).

A la fin de 1799, il adresse une *Proclamation aux habitants des Départements de l'Ouest* (2), dans laquelle il outrage LOUIS XVIII et S. A. R. MONSIEUR, Frère du ROI, dans des termes qui, loin d'altérer nos sentiments de respect et d'amour envers des Princes malheureux et fugitifs, n'ont servis qu'à nous les rendre plus chers, et plus dignes de nos hommages.

En 1800, il prononce devant les Curés de Milan, un Discours hypocrite (3) dans lequel il déclare qu'il est Philosophe, et qu'il veut néanmoins protéger la Religion Catholique.

En 1801, il persécute les Évêques légitimes de France ; il force le Pape de signer avec lui un Concordat qui achève de perdre la Religion ; il s'empare de toute l'autorité Ecclésiastique, et avilit le Clergé en lui prescrivant des Réglements qui lui ôtent toute sa liberté.

En 1802, il adresse aux François une *Proclama-*

---

(1) Ces différentes Proclamations se trouvent dans l'Ouvrage cité : *Pièces diverses.*

(2) Le 7 Nivôse an VIII (28 *Décembre* 1799) Bulletin des Lois, 342, n°. 3514.

(3) Le 5 Juin 1800. Ce Discours a été réimprimé dans les *Annales Philosophiques, Morales et Littéraires*, tom. II, pp. 246 et suivantes. Paris, Le Clère, 1800.

tion relative aux cultes (1), écrite dans le style et les principes de la Philosophie moderne, et qui commence par ces mots : *François, du sein d'une Révolution inspirée par l'amour de la patrie, etc.*

En 1804, il fait assassiner Monseigneur le Duc d'Enghien, le courageux Royaliste Georges Cadoudal, et plusieurs autres François qui devinrent les compagnons de son glorieux supplice, comme ils l'avoient été de son héroïque dévouement.

Si j'examine les circonstances qui ont accompagné le Couronnement, j'y trouve de nouveaux motifs d'avoir en horreur cette scandaleuse cérémonie. PIE VII a couronné un usurpateur et un apostat, et dans une assemblée où il y avoit beaucoup d'autres rebelles et apostats, des impies, des athées, des régicides. On a imprimé, à l'Hôtel Soubise, le *Procès-verbal de la Cérémonie du Sacre et du Couronnement de Napoléon. Paris*, 1805, *in-4°. de 117 pages.* Ce Procès-verbal est authentique, ayant été signé par le Grand-Maître des Cérémonies. On y trouve, à la *page* 115, les noms de vingt Présidents de Consistoires Protestants; et, à la *page* 67,

---

(1) Cette Proclamation, datée du 17 Avril, jour du Samedi-Saint 1802, a été insérée dans la *III*[e]. *série du Bulletin des Lois*, 173, *n*° 1345 : et le lendemain, jour de Pâques, Buonaparte, Premier Consul, l'ami de la Révolution, a été reçu en grande pompe dans la Cathédrale de Paris, comme le protecteur de la Religion catholique.

les noms de onze Évêques Constitutionnels sur lesquels il y en avoit à peine deux ou trois de rétractés : ces derniers, au mépris des Brefs dogmatiques de PIE VI, continuoient à communiquer avec ceux qui persévéroient notoirement dans leurs erreurs, ce qui donne tout lieu de penser que leur rétractation n'a pas été sincère.

Les Prières augustes et vénérables dont se sert l'Église dans le Couronnement des Empereurs, et que PIE VII n'a pas craint de prononcer sur Buonaparte, sont un contre-sens continuel, et paroissent une dérision quand l'application en est faite à un sujet aussi indigne : et lorsque je viens à considérer que tout cela s'est passé dans le lieu saint, et au pied du Sanctuaire, je ne puis croire à la bonne-foi de celui qui a osé dire que *ce Couronnement étoit une haute et éclatante protestation contre toutes les usurpations de l'impiété ; que l'Église et la Religion ont reçu en ce jour toutes les espèces de réparation.* (pages 123 et 124).

« Buonaparte devoit être couronné, dit le Père « Ventura ; PIE VII, éclairé d'une lumière supé-« rieure, vit bien que ce Couronnement...... étoit « réclamé par le Ciel;...... et qu'il tourneroit au pro-« fit des mêmes Personnages dont il sembloit d'abord « détruire les droits (*page* 125). »

SIRE, qu'il est pénible pour moi de répéter ici devant VOTRE MAJESTÉ des absurdités aussi révoltantes, et des maximes aussi coupables dont Elle doit se tenir grièvement offensée ! Je sens bien que j'afflige votre cœur paternel, ce qui est assurément très-éloigné de mes intentions ; mais j'ai cru ne pouvoir me dispenser de faire connoître à VOTRE MAJESTÉ à quel degré sont montés l'audace de vos ennemis et le génie du mal, afin qu'Elle prenne dans sa sagesse les mesures qu'Elle croira convenables pour prévenir le retour d'un scandale aussi affreux.

S'il en faut croire le Père Ventura, *PIE VII vit bien que ce Couronnement devoit tourner au profit des Bourbons;* d'où il s'en suivroit que ceux de vos sujets qui ont préféré l'exil, la prison, la perte de leurs biens, les persécutions de tout genre, et quelquefois même la mort aux honneurs et aux richesses que leur offroit l'usurpateur, que ceux-là, dis-je, ont mal compris les vrais intérêts du ROI : tous ces braves Vendéens qui ont combattu pendant tant d'années, et avec un courage si admirable, pour cette cause sacrée, lui ont été nuisibles, en croyant la servir utilement ; et les voilà réduits aujourd'hui à demander pardon à VOTRE MAJESTÉ de leurs longues souffrances et de leur inébranlable fidélité. *PIE VII a couronné Buonaparte pour le profit des Bourbons*, et sans doute que pour le profit des Bourbons, tous les François auroient dû se réunir à PIE VII et aux rebelles. SIRE, les Royalistes ne connoissoient pas cette nouvelle manière de travailler au rétablissement de la Monarchie légitime, et c'est le Père Ventura qui vient la leur apprendre; par où VOTRE MAJESTÉ pourra se convaincre que le délire du Père Ventura est parvenu à son comble.

SIRE, ce n'est pas ainsi qu'en juge l'auteur de l'article inséré dans le *Mémorial;* il semble que les expressions lui manquent pour exalter le mérite du R. P. Théatin. « Le Père Ventura, dit-il, connu « dans le monde savant comme publiciste, mérite « encore d'être connu comme Orateur..... Son élo- « quence est fortifiée par l'habitude des méditations « philosophiques..... C'est un des Écrivains de ce « temps qui ont le mieux saisi le caractère de la « politique Chrétienne, etc. (*pages* 118, 119 *et* « 126). »

Les *Méditations philosophiques* du P. Ventura lui ont fait connoître que, lorsque PIE VII est venu couronner Buonaparte, *il vit bien que ce Couronnement devoit tourner au profit des Bourbons.* L'auteur anonyme termine son article en disant : *Il étoit digne du Père Ventura de démontrer que PIE VII devoit être l'objet de l'admiration des peuples et de leur reconnoissance* (page 127).

Le Père Ventura, toujours enfoncé dans ses Méditations philosophiques, a encore découvert que *le Couronnement de Buonaparte étoit réclamé par le Ciel, et que PIE VII n'a pas couronné en lui le Fils de la révolution, mais l'instrument et le Vicaire de la légitimité.* (page 125.)

SIRE, VOTRE MAJESTÉ sera justement indignée,

que sous le règne d'un Bourbon on ait osé mettre la félonie, la révolte et la trahison sous la protection du Ciel, et qu'on soit venu dire à des François, que *Buonaparte étoit l'instrument et le Vicaire de la légitimité*. L'écrivain téméraire qui a entrepris de justifier cet acte de la vie de PIE VII, et qui a joint ses éloges à ceux du Père Ventura, a bien senti lui-même que de pareils principes choquent toutes les idées reçues, et qu'il auroit de la peine à faire adopter son système, car voici comment il s'exprime : « Il « semble d'abord que ces considérations doivent faire « une sorte de violence aux sentiments profondé-« ment empreints dans le cœur des amis de la Royauté. « Mais, pour bien juger les événements de l'histoire, « il ne faut pas se laisser entraîner par des affec-« tions (*pag.* 125). » Ainsi, dans un temps où l'esprit révolutionnaire porte par-tout ses ravages, et menace la société de nouveaux bouleversements, l'auteur avertit les Royalistes qu'ils ne doivent pas *se laisser entraîner par les affections*, c'est-à-dire, qu'il ne faut pas trop aimer les Bourbons : selon lui, une affection démesurée exposeroit vos fidèles sujets à de faux jugements sur le Couronnement du *Vicaire de la légitimité*. Pour bien apprécier toute la conduite de PIE VII, il leur conseille de s'élever *à des pensées plus hautes, à des méditations encore plus profondes, à de graves contemplations* (pag. 121). Et si, malgré leurs méditations, ils ne peuvent se persuader que Buonaparte ait été *le Vicaire de la légitimité*, l'admirateur de PIE VII et du P. Ventura leur répond que c'est-là le *Mystère de la Providence.* Il ne m'est pas donné de comprendre les Mystères, et je ne suis pas obligé de m'en rapporter aux explications des deux apologistes de PIE VII.

SIRE, tout le monde partagera la douleur et l'étonnement de VOTRE MAJESTÉ, en voyant que des outrages aussi sanglants envers votre autorité aient pu souiller un Ouvrage qui prend le titre de *Catholique.*

A Dieu ne plaise, cependant, que je prétende accuser ici tous les collaborateurs du *Mémorial.* J'aime à me persuader qu'un seul a été l'auteur de l'article *sur l'Éloge funèbre de PIE VII par le Père Ventura,* qu'il n'a exprimé que son propre sentiment, et nullement celui des autres. Ceux qui n'ont pris aucune part à cet Article se feront, sans doute, un devoir de le condamner; et ils saisiront avec empressement cette occasion de renouveller à VOTRE MAJESTÉ leurs protestations de respect, d'amour et de fidélité, sans craindre de *se laisser entraîner par leur affection* envers notre légitime Souverain. Il seroit digne d'eux de consacrer leur talent à une réfutation plus ample des sophismes du Père Ventura et de son apologiste.

Trente-huit Évêques de France, dans leurs *Réclamations du 6 Avril* 1803, se sont plaint spécialement de tout ce qui pouvoit blesser la *Religion de la Seconde Majesté* dans la *Convention du* 15 *Juillet* 1801, et dans les *Articles Organiques du* 6 *Avril* 1802 (1). Ils ont eu en vue, dans les paroles citées au bas de la page, de condamner le Serment de l'article VI de ladite *Convention*, qui est essentiellement contraire aux droits du légitime Souverain, et qui est conçu en ces termes: « Je jure et promets à Dieu, sur les Saints Évangiles, de garder « obéissance et fidélité au Gouvernement établi par « la Constitution de la République Françoise. Je « promets aussi de n'avoir aucune intelligence, de « n'assister à aucun conseil, de n'entretenir aucune « ligue, soit au dedans, soit au dehors, qui soit « contraire à la tranquillité publique; et si, dans « mon Diocèse, ou ailleurs, j'apprends qu'il se trame « quelque chose au préjudice de l'État, je le ferai « savoir au Gouvernement. »

Les Évêques, à la fin de ces mêmes *Réclamations*, se sont réservés la faculté de traiter ce sujet plus au long dans une autre circonstance, et ils semblent en contracter l'engagement.

---

(1) Tristissima multa ab hisce duobus Instrumentis, tanquàm à radicibus, visa deinceps exoriri..... *Secundæ Majestatis Religionem* (*) violant. (*Canonicæ et Reverentissimæ Expostulationes*, etc., pag. 128, edit. Londin. an. 1803.)

(*) Ces paroles sont empruntées de Tertullien, qui disoit dans son *Apologetique*: « On nous accuse d'offenser la Seconde Majesté par un « second sacrilége. » *De Religione Secundæ Majestatis in secundum sacrilegium convenimur Christiani.* Apolog. cap. 35.

Le 8 Avril 1804, ils ont acquitté leur promesse, et ont publié à Londres en 1805, une *Déclaration sur les Droits du Roi*, qui fut signée par treize d'entr'eux. Si cette *Déclaration* ne porte pas un plus grand nombre de signatures, cela tient à la difficulté des communications entre l'Angleterre et le continent, qui, à cette époque, augmentoit de jour en jour, et empêchoit les Évêques de se concerter entr'eux, comme il eût été à désirer pour le bien de la Religion. Les treize Évêques terminent leur *Déclaration* par les paroles suivantes :

« Cette nouvelle forme de gouvernement porte « sur le front l'empreinte de l'iniquité, par cela même « qu'elle exclut le Prince légitime, et ce signe odieux « frappe tous les regards attentifs : aussi ne peut-elle « constituer qu'une Puissance de fait, et non pas une « Puissance de droit : aussi n'a-t-elle que la posses- « sion, ou plutôt l'usurpation (1); mais le Sceptre « continue d'appartenir au Prince légitime, quoique « l'exercice actuel de l'autorité se trouve en d'autres « mains; mais le Prince légitime continue de con- « server tous ses droits, quoiqu'il soit forcé d'en sus- « pendre encore l'exercice : ainsi Joas, échappé aux

(1) La possession donne, sans doute, le droit civil aux Couronnes...... quand il n'y a point de Prétendant légitime mais, s'il y en a un, la possession est une usurpation. *Essai sur le Gouvernement civil, selon les principes de M. de Fénélon, chap. IX. Londres*, 1722. (Note des Évêques.)

« fureurs d'Athalie, et caché dans le temple par les
« soins de Josabeth, y conserva, durant tout le temps
« de la tyrannie d'une Reine dénaturée, le droit qu'il
« avoit au Trône de David (1).

« Il ne nous suffisoit pas de garder jusqu'à la mort
« le serment fait à Dieu d'être fidèles à notre Prince
« légitime et à ses légitimes Successeurs ; il étoit de
« notre devoir d'éclairer tous leurs sujets sur la stricte
« obligation de leur garder cette même fidélité : nous
« leur avons montré que cette obligation est fondée
« sur la parole de Dieu, sur la doctrine de l'Église,
« sur l'autorité de la tradition, et que son observa-
« tion étoit essentiellement liée avec leur bonheur
« temporel et éternel.

« En conséquence, pour remplir nos devoirs d'É-
« vêques et de Sujets, nous déclarons :

1°. « Que notre très-honoré Seigneur et Roi légi-
« time, LOUIS XVIII, conserve dans toute leur inté-
« grité les droits qu'il tient de Dieu à la Couronne
« de France.

« Nous déclarons, 2°. que rien n'a pu dégager les
« François, ses sujets, de la fidélité qu'ils doivent à
« ce Prince, en vertu de la Loi de Dieu, et protes-
« tons contre tous actes contraires à cette présente
« *Déclaration.* »

† Arthur-Richard Dillon, Archevêque et Primat

(1) IV. Reg. XI.

de Narbonne, Commandeur de l'Ordre du Saint-Esprit.

† LOUIS-FRANÇOIS-MARC-HILAIRE DE CONZIÉ, Évêque d'Arras.

† JOSEPH-FRANÇOIS DE MALIDE, Évêque de Montpellier.

† LOUIS-ANDRÉ DE GRIMALDI, Évêque, Comte de Noyon, Pair de France.

† JEAN-FRANÇOIS DE LA MARCHE, Évêque de Léon.

† PIERRE-AUGUSTIN DE BELBEUF, Évêque d'Avranches.

† SÉBASTIEN-MICHEL AMELOT, Évêque de Vannes.

† HENRI-BENOÎT-JULES DE BÉTHISY, Évêque d'Uzès.

† SEIGNELAY-COLBERT, Évêque de Rodez.

† CHARLES-EUTROPE DE LA LAURANCIE, Évêque de Nantes.

† PHILIPPE-FRANÇOIS D'ALBIGNAC, Évêque d'Angoulême.

† ALEXANDRE-HENRY DE CHAUVIGNY DE BLOT, Évêque de Lombez.

ÉTIENNE-JEAN-BAPTISTE-LOUIS DES GALOIS DE LA TOUR, Évêque nommé de Moulins.

Londres, ce 8 Avril 1804.

Monseigneur l'Archevêque de Narbonne écrivit une Lettre particulière à PIE VII, pour lui adresser la *Suite des Réclamations canoniques* de ses respectables Collègues, ainsi que leur *Déclaration sur les Droits du Roi.* « Ces Actes, dit le Vénérable Prélat,

« remplissent l'engagement pris à la fin de nos pre-
« mières *Réclamations* : ils ne sont, comme le verra
« VOTRE SAINTETÉ, que la suite des conclusions
« et réserves qui les terminent; et, par conséquent,
« la pensée et les sentiments de tous ceux qui ont
« signé le premier Acte (1). Seuls réunis dans un
« même lieu, seuls à l'abri de toutes les vicissitudes
« des événements, bien instruits des principes et des
« intentions de nos Confrères dispersés sur le Con-
« tinent, seuls enfin pouvant réunir nos signatures
« sans ajouter de nouveaux délais à ceux qu'a néces-
« sités la rédaction de ces Ouvrages, nous nous em-
« pressons de les faire parvenir à VOTRE SAINTETÉ
« de qui il est si intéressant et si urgent qu'ils soient
« promptement connus. »

Cette Lettre étoit datée de *Londres*, 15 *Avril* 1804.

SIRE, il y avoit peu à espérer que des Réclamations si justes et si légitimes produiroient un heureux effet sur l'esprit de PIE VII. Celui qui avoit été infidèle à son propre Souverain, n'étant encore qu'Évêque d'Imola, ne devoit se faire aucun scrupule de violer les droits d'un Souverain étranger, quand il seroit devenu Pape : celui qui avoit abandonné PIE VI dans ses malheurs, et qui avoit manqué à la reconnoissance envers un bienfaiteur auquel il étoit redevable de toutes ses dignités, ne pouvoit pas être

---

(1) Le premier Acte intitulé : *Réclamations canoniques, etc.*, du 6 Avril 1803, avoit été signé par trente-huit Évêques.

fort sensible à l'exil d'un Roi détrôné envers lequel il n'avoit pas d'obligations personnelles; celui, enfin, qui avoit rompu tous les liens de la tendre amitié qui auroit dû le tenir étroitement uni à PIE VI, son compatriote, ne pouvoit pas mettre un grand intérêt à voir un Bourbon remonter sur le trône de ses Pères.

Tout le monde connoît la conduite du Cardinal Chiaramonti, à l'époque de l'invasion de la Romagne par les François. Les bases de la République Cisalpine, dont Imola faisoit partie, étoient les mêmes que celles de la République Françoise; la liberté, l'égalité, la souveraineté du peuple, la haine de l'autorité Monarchique, le pillage des Églises, etc. Les moyens employés pour républicaniser l'Italie ont été les mêmes que ceux dont on s'étoit servi pour républicaniser la France, et les Chefs de la République Cisalpine avoient fait des lois contraires à la Religion et à la justice.

Ce fut dans ces circonstances que le Cardinal Chiaramonti publia sa fameuse Homélie républicaine. Elle est datée du 25 Décembre 1797, et fut imprimée en italien, à Imola. En voici le véritable titre : *Omelia del Cittadino Cardinal Chiaramonti, Vescovo d'Imola, diretta al popolo della sua Diocesi, nella Republica Cisalpina, nel giorno del Santissimo natale, l'anno 1797. Imola, nella stamperia della Nazione, l'anno VI della libertà.* C'est-à-dire : « Homélie du citoyen Cardinal « Chiaramonti, Évêque d'Imola, adressée au peuple « de son Diocèse, dans la République Cisalpine, le

« jour de la naissance de JÉSUS-CHRIST, l'an 1797.
« A Imola, de l'imprimerie de la Nation, l'an VI de
« la Liberté. »

Le Cardinal Chiaramonti relève beaucoup, dans cette Homélie, l'excellence de la Démocratie. Il enseigne à ses Diocésains que *les préceptes de l'Évangile et les traditions des Apôtres...... environnent d'éclat et de grandeur le Gouvernement démocratique..... Oui, mes chers Frères*, continue-t-il, *soyez tous bons Chrétiens, et vous serez d'excellents Démocrates. — Si, miei cari Fratelli, siate buoni Cristiani, e sarete ottimi Democratici.* Or, on sait que, dans ce temps-là, *Démocrate* et *Révolutionnaire* étoient deux mots synonymes.

Tandis que le Cardinal Chiaramonti favorisoit ainsi les François révolutionnaires, qu'il les aidoit à conquérir les États du Pape, et à en garder la possession, d'autres Évêques Italiens, dont la conduite fut bien plus honorable que la sienne, conservoient intacte la fidélité qu'ils avoient jurée à PIE VI.

« Il n'est pas douteux, dit un auteur moderne, « que cette Homélie du Prélat d'Imola sert autant, « en 1798, les projets subversifs des Démagogues « François en Italie, que la présence à Paris, en « 1804, de ce même Prélat, devenu Chef de l'Église, « pour y sacrer ce même Buonaparte, devenu Napo- « léon, sera utile à l'établissement du despotisme « Impérial » (1).

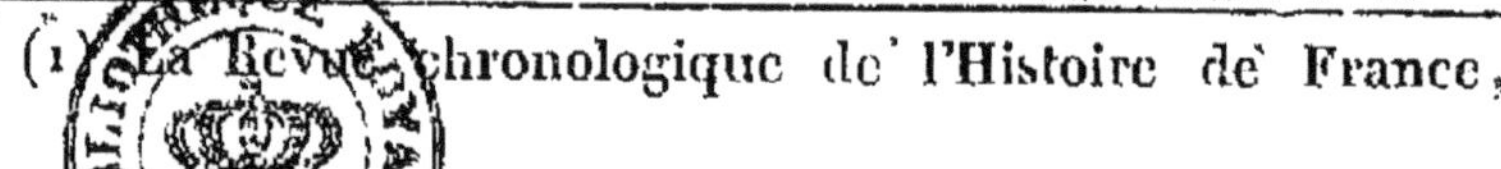

(1) La Revue chronologique de l'Histoire de France,

PIE VII, avant de venir en France, consulta plusieurs Cardinaux : ils furent d'avis, presqu'à l'unanimité, qu'il ne devoit point faire ce voyage. Mais, insensible à leurs représentations, celui qui avoit déjà pris le parti des rebelles en Italie, contre PIE VI, vint encore en France pour bénir l'usurpation et l'apostasie, et leur imprimer le sceau de la Religion. On peut, sans doute, s'en affliger ; mais, d'après la conduite passée de PIE VII, on ne doit pas s'en étonner.

Nous lisons dans l'ancien Testament, que le Grand-Prêtre Abiathar prit le parti d'Adonias, dans sa révolte contre Salomon (1). Le célèbre interprète Corneille la Pierre dit même qu'Adonias se fit sacrer et couronner par Abiathar : *Adonias se curaverat ungi, et coronari Regem* (2) ; ce qui a été répété dans la Bible de Vence : *Abiathar s'étant attaché à Adonias, et l'ayant sacré Roi, au préjudice de Salomon à qui Dieu avoit destiné la Royauté, etc.* (3).

Salomon se souvint qu'il étoit Roi ; il ne crut pas que le caractère sacré dont Abiathar étoit revêtu put excuser en lui le crime de lèse-Majesté ; et, sans avoir égard à sa dignité suprême, il lui adressa ces paroles :

---

depuis 1787 jusqu'à 1818. Paris, Firmin Didot, 1820, in-8°. sous l'année 1797, pag. 256.

(1) III. Reg. I, 7, 18 et 19.

(2) Cornelius à Lapide, in v. 25 capitis II libri III Regum, pag. 108. C. Antuerp. 1653.

(3) Dissert. sur la succession des Grands-Prêtres, dans la *Bible de Vence*, tom. V, pag. 36. Paris, 1769, in-4°.

« Retirez-vous à Anathoth, dans la terre qui vous « appartient : vous méritez d'être mis à mort; mais, « parce que vous avez porté l'arche du Seigneur, je « vous fais grâce de la vie : » *Vade in Anathoth ad agrum tuum : equidem vir mortis es ; sed hodiè te non interficiam, quia portasti arcam Domini Dei* (1). Abiathar fut envoyé en exil (2), déposé de la souveraine Sacrificature, et remplacé par Sadoc. Voici comment s'exprime Dom Calmet à ce sujet : « Un Grand-Prê-« tre qui abuseroit du pouvoir de sa charge contre « l'utilité de l'État, ou contre la Personne du Prince, « en matière grave et de conséquence, mériteroit « d'être privé des honneurs et des émoluments de sa « dignité, et pourroit même, en certains cas, être « mis à mort par l'ordre du Prince » (3).

SIRE, il n'est pas plus permis au Grand-Prêtre de la loi nouvelle qu'au Grand-Prêtre de la loi ancienne de favoriser la révolte. Quelle a donc été la consternation des sujets fidèles, quand ils ont vu PIE VII (nouvel Abiathar) oublier ce qu'il devoit à Votre auguste Famille, ce qu'il devoit à la France, ce qu'il se devoit à lui-même, ce qu'il devoit au Saint-Siége et

---

(1) III. Reg. II, 26. — « Mereris occidi, quia contra me « conspirasti cum Adonià, eumque in Regem unxisti. » Cornel. à Lapide, in hunc v. 26, pag. 109.

(2) Propter crimen læsæ Majestatis; *Estius*, in hunc locum, p. 133.

(3) Dom Calmet, Commentaire sur ce v. 26, *tom. II*, *pag.* 650. *Paris*, 1724, *in-fol.*

à l'Église Catholique toute entière; et venir, au grand scandale de tout l'Univers, couronner l'usurpateur du Trône des Bourbons! Les maux qui sont résultés de cet attentat sacrilége sont incalculables.

Un grand nombre de Prêtres, écoutant la voix de leur conscience, et dociles aux instructions de leurs Évêques, évitèrent de se laisser séduire par l'exemple pernicieux que PIE VII venoit de donner à toute l'Église. Plusieurs d'entr'eux ont même laissé des monuments encore subsistants de leur fidélité.

M. l'Abbé Coulon, ancien Grand-Vicaire de Nevers, et Prédicateur de LOUIS XVI, a composé, sous le nom de l'*Auteur des Lettres de Cambridge*, un Ouvrage beaucoup trop rare qui a pour titre : *Discours sur le Couronnement de Buonaparte; dédié à tous les amis de la justice et de l'honneur. Brentford, chez P. Norbury*, 1805, *in*-8°. de 144 *pages*.

L'auteur a mis pour épigraphe, à la tête de son *Discours*, les vers suivants :

Du sceptre de LOUIS usurpant tous les droits,
Des enfants de CONDÉ détestable homicide,
On l'a vu se baigner dans le sang de nos Rois,
Et même contre DIEU lever son bras perfide.

Imité de Racine :
Athalie. — Act. I. Scène I.

Ensuite M. l'Abbé Coulon rend compte du plan qu'il se propose de suivre.

(*Observations préliminaires, pp. vij et viij.*) « Comme le Couronnement d'un homme tel que Buona-

« parte, par le Souverain Pontife, est devenu un « sujet de surprise dans toutes les parties de l'univers, et qu'une infinité de personnes sont persuadées qu'on ne peut en attribuer la cause qu'à la « violence exercée, à cet effet, sur Sa Sainteté; il me « semble que plus on est attaché à la Religion catholique, apostolique et Romaine, plus on doit désirer « que cette sage opinion se fortifie, se propage, et ne « laisse aucun doute........

« Ainsi donc, mettre en parallèle le caractère de « Buonaparte avec l'esprit de l'Église dans la consécration des Princes chrétiens, pour en conclure, « par l'impossibilité d'en faire le rapprochement, que « la violence seule en a commandé la vaine entreprise; c'est emprunter le langage de la vérité, pour « rendre hommage à la vérité même. »

(*Discours, etc. pp.* 1—3.) « Il n'est point de spectacle plus étrange, plus inconcevable, plus désolant pour la vertu, plus avilissant pour la France, « plus contraire à la Majesté des Rois, à la tranquillité des Empires, à la stabilité des lois sociales, au « véritable esprit de la Religion, que celui qui vient « d'être donné au Ciel et à la terre, par une troupe « de rebelles, de régicides et d'impies. Sans probité, « sans honneur, dégradés par l'intérêt, et plus encore « par l'habitude du crime, ils se sont figuré qu'en « forçant les Ministres des autels d'appliquer à un « homme parjure, apostat, homicide, distributeur « de rapines, qu'ils ont choisi pour leur Chef, les

« paroles et les cérémonies destinées par l'Église au « Couronnement des Empereurs et des Rois, ils « pourroient le présenter à la France comme un Sou- « verain légitime et chrétien.....

« Loin de manquer de respect pour les paroles et « les cérémonies de l'Église dans le Couronnement « des Princes chrétiens, c'est sur elles-mêmes que « je me suis appuyé dans toutes mes aggressions « contre celui de Buonaparte ; et ils verront que plus « j'en aurai prouvé la fausse application, plus il « faudra en attribuer la cause à la violence exercée « sur les Ministres de la Religion......

» Je vais développer dans ce Discours toutes les « paroles et toutes les cérémonies dont l'Église Ro- « maine fait usage dans le Couronnement des Princes « chrétiens ; et, en comparant tous les titres qu'elle « leur donne, toutes les qualités qu'elle leur recon- « noît, toutes les obligations dont elle les avertit, « tous les engagements qu'ils doivent prendre en sa « présence, tous les services qu'elle en attend, avec « la personne, le caractère, la conduite, la réputa- « tion de Buonaparte, on verra qu'il étoit impossi- « ble de trouver un homme plus indigne que lui, « d'être couronné comme Souverain du Royaume « de France.

« Plus d'une fois aussi l'on verra, dans le dévelop- « pement de ce *Discours*, que comme le Couronne- « ment des Princes chrétiens par les Ministres de « l'Église n'est qu'un hommage solemnel qu'ils ren-

« dent au Roi des Rois, et non point une cérémo-
« nie qui soit la source de leur autorité, il est im-
« possible qu'elle ait pu ni donner aucun droit réel
« à Buonaparte, ni en ravir aucun à LOUIS XVIII.

« Alors encore, alors, et par une conséquence
« nécessaire, François fidèles, justes et sensibles,
« vous verrez que, soit que Buonaparte ait forcé les
« Ministres de l'Église de le couronner, soit qu'il l'ait
« été par ses esclaves et ses complices, chacun de
« vous n'en a pas moins le droit de protester publi-
« quement, et au fond de son cœur, contre les sa-
« criléges prétentions de cet usurpateur. Chacun de
« vous n'en a pas moins le droit de s'écrier aujour-
« d'hui, et dans tout le cours de sa domination :
« *Aufer cidarim, tolle coronam* (1) : Qu'on enlève la
« couronne placée sur sa tête criminelle! Qu'on ar-
« rache le diadème qui couvre son front ignoble et
« sans pudeur! Ils ne sont point à lui; ils sont à
« l'auguste Fils de nos Rois : Roi par sa naissance,
« Roi par ses droits, Roi de nos cœurs, Roi de nos
« soupirs. »

M. Blanchard, Curé de Saint-Hippolyte, Diocèse de Lizieux, a consacré un chapitre entier dans l'un de ses Ouvrages, à parler du Couronnement de Buonaparte. Les extraits que je vais citer serviront à prouver à VOTRE MAJESTÉ que M. Blanchard a été fidèle à son Roi.

---

(1) Ezech. XXI, 26.

« PIE VII devoit savoir mourir, et son martyre....
« eût été en même temps la gloire et le salut de
« l'Église. Cet esclavage ne change rien dans la mora-
« lité personnelle de son action (*p.* 49)......

« Prétendre justifier PIE VII relativement au Sa-
« cre de Buonaparte, c'est braver l'opinion publique
« qui le condamne ; s'exposer au ridicule devant les
« hommes d'une autre communion, et démériter de
« l'Église Catholique, qui pourroit être accusée de
« commander toujours la défense de son Chef, quelles
« que soient ses actions. Le seul moyen de servir éga-
« lement la Religion, et PIE VII lui-même, en cette
« circonstance, c'est de convenir en même temps,
« et de la foiblesse du Pontife, et de la violence qu'il
« a éprouvée (*pp.* 65 *et* 66) ».......

« Voilà celui sur lequel un Pape fait couler l'huile
« sacrée des Rois, et envers qui il exerce une céré-
« monie religieuse et vénérable...... Il n'y a plus de
« nerf dans la Discipline Ecclésiastique, parce qu'elle
« est entre les mains d'un Pape esclave. Une lâche
« condescendance a pris la place de l'ancienne vi-
« gueur, et le coupable audacieux fait approuver et
« récompenser ses crimes par une autorité autre-
« fois inflexible, et en cela même invincible (*pag.*
« 70) ».......

« Buonaparte est encore aujourd'hui hors du sein
« de l'Église dont il s'est séparé, et PIE VII a sacré
« un usurpateur qui n'est pas même Catholique
« (*pag.* 71.). »

« Les suites du couronnement par rapport à la Na« tion Françoise sont vraiment effrayantes. Ce sacre « étoit destiné à inspirer au peuple une sorte de res« pect religieux pour l'usurpateur, et à lui persua« der que son légitime Souverain étoit, en effet, dé« chu (*pag.* 72). »

« Ce sacre n'a pas été seulement nuisible à la cause « du Roi ; il l'a été encore à celle de la Religion. « Il a mis en honneur aux yeux du peuple le per« sécuteur public de l'Église, et il a couvert d'un « voile sacré ce nom justement odieux (*pp.* 73 *et* « 74) (1). »

M. l'Abbé de Saint-Martin, Docteur et ancien Professeur de la Maison et Société de Sorbonne, auteur d'une petite brochure intitulée : *Avis fraternels, etc. Londres, Juigné*, 1809, *in*-8°. *de* 68 *pages*, y a parlé dans les termes suivants du Couronnement de Buonaparte :

« Il faudroit se taire sur un pareil scandale, si « par là on pouvoit l'empêcher...... Mais quand une « action telle que celle dont nous sommes si jus« tement scandalisés, s'est commise à la face de « l'Univers, et que l'odieux en peut rejaillir sur « le nom Catholique ; ne devons-nous pas, pour

(1) L'État politique et religieux de la France, devenu plus déplorable encore par l'effet du voyage de PIE VII en ce pays, etc., par M. *Blanchard*, chap. 2, depuis la page 49, jusqu'à la page 75. Londres, 1806, in-8°. de 456 pages.

« l'honneur de l'Église, reconnoître hautement tout « le blâme que l'action mérite, afin de ne pas laisser « ser les Protestants douter que la généralité des « Catholiques soit infiniment éloignée de vouloir la « justifier, comme quelques-uns ont essayé de le « faire? (*pag.* 64, *note* *). »

SIRE, les citations que je viens de faire et les réflexions que je me suis permis d'y ajouter, prouvent invinciblement que le Couronnement de Buonaparte par PIE VII fut un des plus grands scandales de la Révolution. Elles tendent directement au but que je me suis proposé, de réfuter le Père Ventura et son apologiste. Il m'est facile de prévoir que mon zèle ne plaira pas à tout le monde : j'en serai amplement dédommagé si VOTRE MAJESTÉ daigne lui donner son approbation. PIE VII a été l'objet des éloges les plus outrés, et on en connoît la raison. Ceux qui l'ont suivi dans sa défection ont voulu se faire un rempart de son autorité contre les reproches qu'ils méritent. Ils ont essayé de justifier PIE VII, non par intérêt pour lui, mais par intérêt pour eux-mêmes. Il n'existe aucune loi qui défende de condamner ce qui est évidemment condamnable : en approuvant le Couronnement de Buonaparte par PIE VII, je craindrois d'attirer sur moi l'anathème prononcé par le Saint-Esprit, lorsqu'il a dit par un Prophète : *Malheur à vous qui appellez bien ce qui est mal* (1). Le rang que PIE VII a occupé dans l'É-

(1) Væ qui dicitis malum bonum. *Isaias*, *V*, 20.

glise est pour moi un motif de plus de réclamer contre sa prévarication.

J'emprunterai ici les paroles de Saint Bernard, écrivant à un Évêque d'Angers : « Je ne me laisserai « intimider ni par l'âge, ni par la dignité ; le grand « nom (*de PIE VII*) ne m'en imposera pas : la « grandeur du scandale qu'il a donné (*en couron-* « *nant Buonaparte*) est proportionnée à la sublimité « de son rang ; je m'éleverai donc au-dessus de moi- « même ; et, dût-on m'accuser de folie, je ferai des « reproches à un Vieillard (2). »

SIRE, je n'ignore pas qu'on a voulu justifier PIE VII, en alléguant en sa faveur que le bien de la Religion exigeoit de lui la démarche à laquelle il s'est prêté : mais j'ai appris de CLÉMENT XI à ne pas séparer la cause de la Religion Catholique de celle d'un Roi détrôné. Frédéric Auguste, Roi de Pologne, ayant été déposé le 15 février 1704, cet illustre Pontife écrivit à l'Ordre Équestre de Pologne un Bref, en date du 3 Août suivant, dans lequel il s'exprimoit en ces termes : « La cause de la Religion Catho- « lique étant liée avec la cause du Roi, nous espé-

(2) Non verebor ætatem, dignitate non terrebor ; non cunctabor ad nomen grande (*PII VII*) ; nàm quò grandius nomen, eò grandius scandalum. Propterea meipsum transgrediar, et ero insipiens ; seniorem increpabo. (S. Bernardus, epist. 200 ad Ulgerium, Episc. Andegavensem, *num.* 1, *tom. I*, *col.* 191. *D. edit. Mabill. an.* 1690.)

« rons que vous les soutiendrez l'une et l'autre de
« tout votre pouvoir (1). »

CLÉMENT XI, dans un autre Bref de la même date, adressé à l'Ordre des Sénateurs de Pologne, leur disoit : « Combattez courageusement pour les « lois de votre Patrie, unissez-vous tous ensemble « pour défendre votre légitime Monarque : il a pour « lui la justice de sa cause, les mérites qu'il s'est « acquis par la protection constante qu'il a accordée « à la Religion, et l'autorité du Saint-Siége qui re- « connoît ses droits : rendez-lui la fidélité que vous « lui devez, et vengez Sa Majesté qui a été outra- « gée par un crime inoui (2). »

SIRE, que ce langage est consolant pour un Roi dépouillé de ses États, ainsi que pour ses fidèles sujets ! qu'il est digne du Siége Apostolique, et de l'incomparable Pontife qui occupoit, à cette épo-

---

(1) « Cùm autem Religionis Catholicæ ratio cum ejusdem « Regis causâ conjuncta esse videatur, utramque vos, pro « virili, tuendam propugnandamque suscepturos esse spe- « ramus. » *Breve ad Ordinem Equestrem diei* 3 *Aug.* 1704, *col.* 235, 236, *Bullar. Clementis XI, edit. Francof.* 1729.

(2) « Pro patriis legibus fortiter stetis, Regique vestro, « cui et justitia favet, et constanter asserta Religio meritum « auget, ipsâque Sedes Apostolica adstipulatur, debitâ fide « unanimes adhæreatis, læsamque per summum scelus Ma- « jestatem tueamini. » *Breve nobilibus viris, Ordini Senatorio, diei* 3 *Aug.* 1704. *col.* 235, 236.

que, la Chaire de Saint Pierre! mais hélas! qu'il est différent de celui qu'a tenu PIE VII! et quand on vient à comparer les Brefs adulateurs qu'il a adressés au tyran de la France et de l'Europe, avec les Brefs de CLÉMENT XI, quel sujet de l'affliction la plus profonde et de la douleur la plus amère!

Mais s'il faut respecter les droits d'un Souverain légitime, expulsé de ses États par la violence des factieux, même dans un Royaume où la Couronne est élective, comme elle l'étoit en Pologne; à plus forte raison, ces droits sont-ils sacrés et inviolables dans un Royaume où la Couronne est héréditaire, telle qu'elle l'est en France.

SIRE, loin de nous cette maxime contraire à la Religion et à la justice, que les sujets ne doivent plus rien à un Roi détrôné, si ce n'est peut-être quelques sentiments de pitié et de compassion; maxime funeste aux Rois et aux peuples; maxime accréditée par la conduite de PIE VII, et qui a attiré sur nous tant de calamités. J'ai rapporté ci-dessus, (*pag.* 15) le serment autorisé par l'article VI du Concordat de 1801, contre lequel nos légitimes Évêques ont réclamé avant tant d'énergie. L'article XVI du même Concordat mérite de trouver place à côté du VIe; en voici les propres termes: « Sa Sainteté « reconnoît dans le premier Consul de la République « françoise les mêmes droits et prérogatives dont « jouissoit près d'elle l'ancien Gouvernement. » Je ne puis m'empêcher de témoigner à VOTRE MAJESTÉ combien je suis effrayé des conséquences qui découlent de ce XVIe article. On y reconnoît dans Buonaparte, usurpateur et apostat, *les mêmes droits et prérogatives* que dans les Bourbons; et en attaquant un seul Roi, on les attaque tous ensemble.

PIE VII a eu des complices, qui, de concert avec lui, ont transgressés les lois divine et humaine, et changé le droit public : *Transgressi sunt leges, mutaverunt jus* (1). La conduite de PIE VII n'a jamais été condamnée à Rome, pas même légèrement improuvée : tous les jours, au contraire, on le propose comme un parfait modèle à imiter. Nous sommes donc exposés, à chaque instant, à recevoir de Rome des décisions où l'on prendra pour bases les articles VI et XVI du Concordat de 1801 : *Et nunc, Reges, intelligite* (2). Si l'occasion se présentoit de nouveau (ce qu'à Dieu ne plaise) nous verrions infailliblement les mêmes principes se reproduire, et être mis en pratique. Tous les Rois ont donc le plus haut intérêt à ce que le Couronnement de Buonaparte soit publiquement et solemnellement condamné, et à ce que la doctrine de CLÉMENT XI sur la fidélité envers les Souverains légitimes prévale sur la doctrine de PIE VII; car ce qui a été fait en France peut se renouveler dans les Royaumes étrangers.

---

(1) Isaias XXIV, 5.

(2) Psal. II, 10.

SIRE, combien de fois n'a-t-on pas abusé de ces paroles de Saint-Paul : *Il n'y a pas de pouvoir qui ne vienne de Dieu : Non est potestas nisi à Deo* (1) ! On les a appliquées aux usurpateurs, et on s'en est autorisé pour manquer à la fidélité que l'on devoit à son légitime Monarque. Je leur oppose ces autres paroles d'un Prophète, qui conviennent si parfaitement à Buonaparte et à ses frères : *Ipsi regnaverunt, et non ex me : Principes extiterunt, et non cognovi* (2). « Ils ont régné, mais ce n'est pas de moi que venoit « leur pouvoir ; ils ont été Princes, et je ne les ai pas « reconnus. » L'interprétation que je donne ici au texte du Prophète Osée n'est point de ma part une interprétation arbitraire ; je la trouve dans trois Brefs de CLÉMENT XI (3) qui cite ce passage, et qui l'applique aux usurpateurs.

SIRE, je ne ferai point ici à VOTRE MAJESTÉ une triste peinture des malheurs qui accablent de toutes parts un Roi, à qui des rebelles ont enlevé sa Couronne. Les longues infortunes de LOUIS XVIII et de son auguste Famille leur en ont appris là-dessus beaucoup plus que tout ce que je pourrois en dire. Une si douloureuse position a mérité d'occu-

---

(1) Rom. XIII, 1.

(2) Osee VIII, 4.

(3) Breve ad Ludov. XIV, *diei* 16 *April* 1701 — Breve ad Cardin. de Lemberg, *ejusdem diei* — Breve ad Comitem Palatin. Rhen., *diei* 14 *Maii* 1701 : inter Epistolas et Brevia selectiora, pp. 42, 43 et 53. Romæ, 1724, in-fol.

per, il y a plus de quatorze siècles, le grand Saint Chrysostôme, Patriarche de Constantinople; et il en a parlé, dans son *Traité de la comparaison d'un Roi et d'un Moine*, dans des termes qui prouvent le vif intérêt qu'il y prenoit : « Lorsqu'un Roi a été détrôné, « dit cet illustre Docteur, il a besoin d'un grand « nombre de fidèles compagnons; il a besoin d'ar- « mées formidables, de chevaux, d'argent; il doit « s'exposer à des dangers; enfin c'est dans les autres « qu'il met toutes ses espérances pour être rétabli « dans ses droits (1). »

Mais ceux en qui il doit espérer principalement, ce sont ses propres sujets : il seroit honteux pour eux que des étrangers eussent plus d'attachement pour un Souverain dépossédé que ceux mêmes sur lesquels il est destiné à régner. Et parmi ses sujets, ceux sur lesquels il doit plus particulièrement compter, c'est son Clergé; et dans le Clergé, c'est sur-tout du Chef de l'Église qu'il doit attendre appui et protection.

SIRE, je ne puis douter que les Bourbons, dans les jours de leur affliction, au milieu des pénibles épreuves auxquelles la divine Providence a jugé à

(1) Rex solio dejectus cùm fuerit, tùm demùm multis sanè sociis indiget, multis item armatis militibus, equis, pecuniis, periculis; deniquè salutis suæ spem in aliis sitam habet. (Sanctus Joannes-Chrysost. *de Comparatione Regis et Monachi*, n°. 4, *tom. I*, *pag.* 120. *C. edit. D. Montfaucon*, *an.* 1718.

propos de les soumettre, dans leurs exils, dans leurs voyages, dans leurs projets, n'aient souvent tourné leurs regards vers la Ville à sept collines, pour en recevoir quelque consolation, et le secours qu'ils avoient droit de s'en promettre : *Levavi oculos meos in montes undè veniet auxilium mihi* (1). Ils ont trouvé de nobles et de puissans alliés, qui leur ont accordé une généreuse hospitalité ; ils ont trouvé des amis fidèles qui se sont inséparablement attachés à eux ; ils ont trouvé des sujets dévoués qui, dans l'intérieur du Royaume agissoient, au péril de leur vie, pour préparer le retour du légitime Souverain : ils ont cherché un Pape pour défendre leur cause, et ils ne l'ont pas trouvé. PIE VII pouvoit prétendre à la même gloire que CLÉMENT XI ; il le pouvoit, et il le devoit ; mais il ne l'a pas voulu.

Saint Bernard écrivoit au Pape Eugène III : « Considérez que vous devez être.... le vengeur des crimes...... le marteau des tyrans, et le Père des « Rois : » *Opportere te esse considera..... ultorem scelerum..... malleum Tyrannorum, Regum Patrem* (2) : et PIE VII a mieux aimé, en venant couronner Buonaparte, être le protecteur des crimes, le Père des Tyrans, et le marteau des Rois.

SIRE, le Seigneur a les yeux fixés sur un Royaume qui pèche ; il le menace, par un de ses Prophètes,

---

(1) Psal. CXX, 1.

(2) S. Bernardus, *de Consideratione, lib IV, cap. 7, tom. I, col. 450, edit. 1719.*

d'exercer sur lui toute la rigueur de ses vengeances, et de le faire disparoître de dessus la terre : *Ecce oculi Domini Dei super Regnum peccans, et conteram illud à facie terræ* (1). S'il m'étoit permis d'exposer ici à VOTRE MAJESTÉ ce que je pense des fléaux qui sont venus fondre sur la France, et des moyens qui pourroient prévenir les nouveaux malheurs qui la menacent, je Lui dirois que deux choses sont nécessaires :

La première, que VOTRE MAJESTÉ exerce son autorité Royale dans toute sa plénitude, et que le système anarchique de la souveraineté du peuple soit à jamais proscrit du Royaume de France. Saint Avit, Évêque de Vienne (2), disoit à Gondebaud, Roi de Bourgogne : « Vous êtes le Souverain du peuple, et le « peuple n'est pas votre Souverain : » *Tu enim es Caput populi, non populus Caput tuum* (3).

La seconde, que VOTRE MAJESTÉ exerce cette même autorité selon les règles de la plus exacte justice ; et « que sont, en effet, les Royaumes sans la justice, « dit Saint Augustin, si ce n'est d'insignes brigandages : » *Remotâ justitiâ, quid sunt Regna, nisi magna latrocinia* (4) ? paroles qui doivent être gravées dans

(1) Amos IX, 8.

(2) S. Avit est mort en 525.

(3) S. Gregorius Turon. *Histor. Francor. lib. II, cap. 34, col. 89, B. edit. D. Ruinart*, 1699.

(4) S. August., *de Civitate Dei, lib. IV, cap. 4, tom. VII, col. 90 G.*

le cœur de tous les Rois, et qui méritent d'être écrites en lettres d'or à la porte de leurs palais.

SIRE, en 1793, un Bordelais fut le défenseur du Roi; c'est aujourd'hui un Bordelais qui est le défenseur de la Royauté. Il y a cette différence qu'en 1793, Mr le comte Desèze exposoit sa vie; et que, sous le règne de VOTRE MAJESTÉ, je n'expose pas la mienne.

Profondément affligé qu'on ait osé tout récemment faire l'éloge du Couronnement de Buonaparte, dans un journal qui se dit *Catholique*,

Pour l'acquit de ma conscience, pour le bien de la Religion, et pour le maintien des droits de la Couronne de France;

Comme Prêtre, comme Français et comme Bordelais,

Je réclame contre la cérémonie du Sacre et du Couronnement de Buonaparte par PIE VII, qui a eu lieu dans la Cathédrale de Paris, le 2 décembre, premier dimanche de l'Avent, 1804;

Je réclame également contre tout ce qui a été dit, ou écrit, pour justifier ce Couronnement, et notamment contre l'Article *sur l'éloge funèbre de PIE VII*, inséré dans le *Mémorial*, n°. d'Août 1827.

Je supplie très-respectueusement VOTRE MAJESTÉ de daigner me permettre de déposer entre Ses mains Royales la présente réclamation, et de vouloir bien l'agréer comme un hommage que je Lui rends à l'occasion de Sa Fête.

SIRE, je termine en adressant à VOTRE MAJESTÉ les paroles que le Père Le Moyne, Religieux de la compagnie de JÉSUS, adressoit à LOUIS XIV, en 1665 :

« Saint Louis fut si jaloux de sa Couronne, si dé-
« licat et si tendre aux moindres atteintes qui pou-
« voient lui être données, qu'il n'eut pas souffert
« que quelque main que fût en eut approché......
« Cela parut même à un commencement de brouil-
« lerie qu'il eut avec le Pape, à qui il fit dire qu'il
« sçavoit ce qu'il lui devoit, comme Chrétien ; mais
« qu'il n'ignoroit pas aussi ce qu'il devoit à sa Cou-
« ronne, comme Roi ; et qu'il perdroit plutôt la tête
« que de souffrir que la dignité en fut violée par
« quelque main que ce fût (1).. »

Je suis avec le plus profond respect,

SIRE,

DE VOTRE MAJESTÉ,

Le très-humble et très-obéissant serviteur, et très-fidèle sujet,

Charles-Jacques Le Quien de la Neufville,
Prêtre de Bordeaux, Bachelier de l'ancienne Faculté de Théologie de Paris, et ancien Vicaire-Général de Dax.

A Paris, le 30 octobre 1827.

---

(1) De l'Art de Régner. AU ROY, par le Père le Moyne, de la Compagnie de JÉSUS, II partie, Discours I, art. X, les Rois de France, pag. 83. Paris, 1665. in-fol.

www.ingramcontent.com/pod-product-compliance
Ingram Content Group UK Ltd.
Pitfield, Milton Keynes, MK11 3LW, UK
UKHW020457230726
13925UKWH00005B/1992